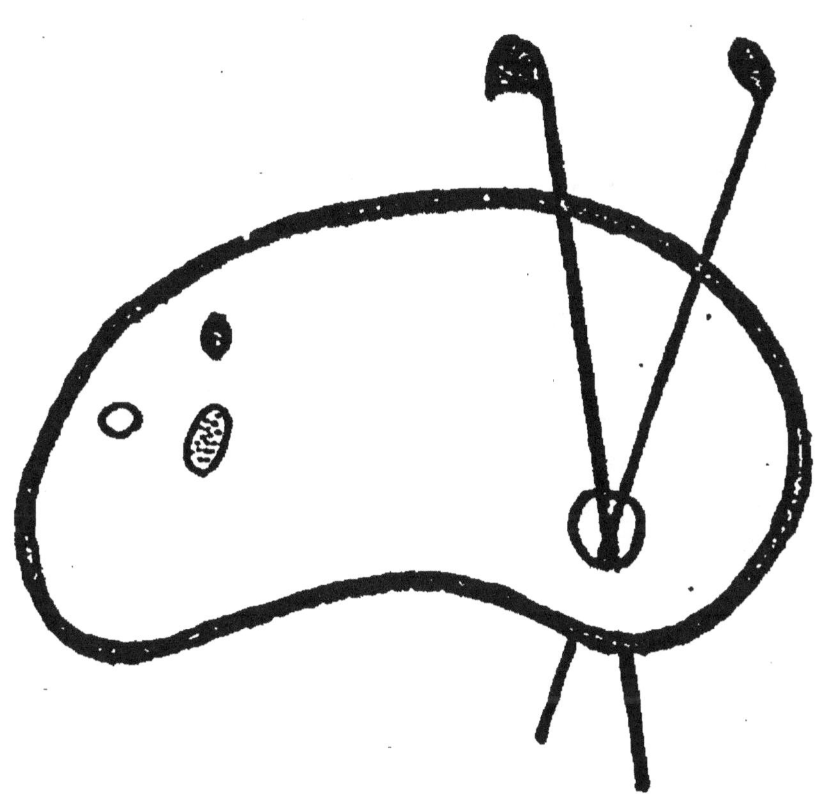

DEBUT D'UNE SERIE DE DOCUMENTS
EN COULEUR

CONSULTATION DOCUMENTÉE

SUR LE

DROIT DE REVENDICATION EN MATIÈRE DE FUTAILLES

DONT

L'IDENTITÉ EST ÉTABLIE PAR DES MARQUES

PAR

Martial BERGERON

AVOCAT

CONSEIL JUDICIAIRE DE LA CHAMBRE SYNDICALE DES NÉGOCIANTS EN FUTAILLES
DU DÉPARTEMENT DE LA SEINE

Prix : 5 francs

EN VENTE CHEZ
COMMECY, LIBRAIRE
2, Quai de la Rapée, 2
PARIS

1894

Sens. — Imprimerie Goret, 55, rue de la République.

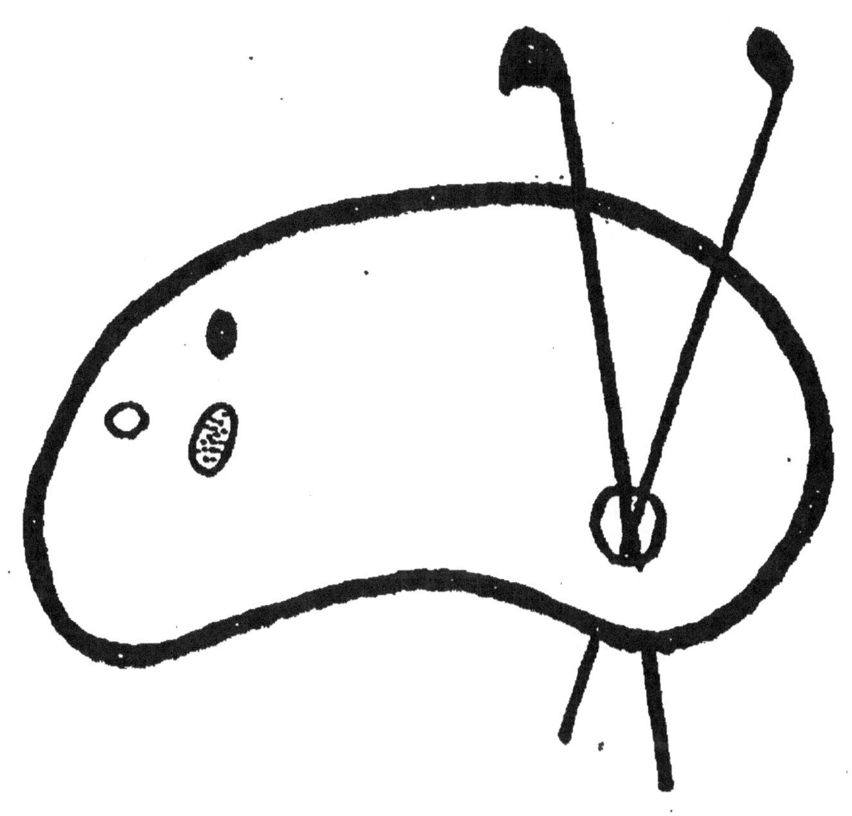

FIN D'UNE SERIE DE DOCUMENTS
EN COULEUR

Dépôt légal

300 Exemplaires
le 1er Janvier 1895

C. Groz

CONSULTATION DOCUMENTÉE

SUR LE

DROIT DE REVENDICATION

EN MATIÈRE DE FUTAILLES

DONT

L'IDENTITÉ EST ÉTABLIE PAR DES MARQUES

Sens. — Imprimerie Gorel, 55, rue de la République.

CONSULTATION DOCUMENTÉE

SUR LE

DROIT DE REVENDICATION EN MATIÈRE DE FUTAILLES

DONT

L'IDENTITÉ EST ÉTABLIE PAR DES MARQUES

PAR

Martial BERGERON

AVOCAT

CONSEIL JUDICIAIRE DE LA CHAMBRE SYNDICALE DES NÉGOCIANTS EN FUTAILLES
DU DÉPARTEMENT DE LA SEINE

———

Prix : 5 francs

———

EN VENTE CHEZ
COMMECY, LIBRAIRE
2, Quai de la Rapée, 2
PARIS
—
1894

PLAN

PRÉLIMINAIRES
Exposé de la question

1ʳᵉ PARTIE
Usages commerciaux

2ᵉ PARTIE
Principes juridiques

3ᵉ PARTIE

APPENDICE
Formules

PRÉLIMINAIRES

La question du droit de revendication en matière de futailles, que nous nous proposons d'examiner touche aux intérêts essentiels du commerce de la location des futailles ;

Ce commerce ignoré il y a vingt ans a pris une extention considérable et de nombreuses maisons exploitent aujourd'hui ce genre de négoce.

L'établissement de cette branche de commerce n'a pas été toutefois sans faire courir de gros risques aux créateurs de cette industrie.

Par la nature même de leurs opérations, les locateurs de fûts abandonnent moyennant des primes minimes (2, 3, 4 et au maximum 5 centimes par jour) une marchandise, un objet dont la valeur varie de 30 à 50 francs et dont la réalisation, la revente est extrêmement facile.

Cette situation spéciale devait solliciter des négociants peu scrupuleux à abuser de la confiance des maisons de location ; mais promptement instruites par l'expérience, ces maisons représentées par leurs syndicats se sont adressées au commerce sérieux et honnête, et d'équitables usages commerciaux, des décisions de justice, leur ont apporté l'aide et la protection auxquelles elles avaient droit.

Ce sont ces usages commerciaux, les principes qui ont fondé les décisions de justice que nous rappelons et ces décisions elles-mêmes qui feront l'objet de notre étude ; aussi diviserons-nous notre travail en trois parties.

1e Partie : **Usages commerciaux.**

2e Partie : **Principes juridiques.**

3e Partie : **Jurisprudence.**

PREMIÈRE PARTIE

Usages commerciaux

CHAPITRE I

CERTIFICATS, PROCÈS-VERBAUX, DÉLIBÉRATIONS, AVIS

Le premier usage que nous invoquerons peut être ainsi formulé :

« L'importation sur place des vins des vignobles français ou des
» vignobles étrangers se fait en fûts de location. »

Cet usage remonte à 1870 ; avant cette époque la production nationale suffisait à la consommation, les expéditeurs vendaient leurs vins logés en fûts dits pièces, demi-pièces, feuillettes, etc.

Ces fûts fabriqués au pays d'origine se vendaient avec eux.

Lorsque survint le phylloxéra, les négociants durent s'adresser au producteurs étrangers, force leur fut alors de se pourvoir de fûts pour les vins qu'ils achetaient en Italie, en Grèce et en Espagne, et comme le matériel nécessaire était à la fois très onéreux à acquérir et très dispendieux à conserver, l'industrie du commerce de la location de futailles prit naturellement naissance.

Ce commerce créé, les importateurs prirent alors l'habitude de s'adresser aux maisons de location et de cette habitude est sorti l'usage plus haut rappelé.

Le second usage dont la connaissance s'impose à notre étude, dérive du premier, on peut l'énoncer ainsi :

« Tous les vins importés, ne se vendent plus et ne se consignent
» plus que nus, c'est-à-dire abstraction faite de la futaille. »

Autrefois on vendait et l'on consignait logé parce que les expéditeurs étaient propriétaires du logement ; aujourd'hui qu'il n'en est plus ainsi, il faut distinguer entre contenant et contenu.

Les ventes comme les consignations ne se font plus que nus non logé, c'est-à-dire fûts réservés.

Ces deux usages existaient en fait avant leur consécration officielle, mais avant cette consécration, les maisons de location étaient quelquefois réduites à discuter avec les acheteurs ou les consignataires pour obtenir la restitution de leur matériel.

Pour couper court à cet état de chose, la Chambre syndicale des négociants en futailles du département de la Seine décida de faire consacrer ces usages et de leur donner la publicité la plus complète pour que nul ne puisse exciper de leur ignorance.

C'est dans ce but qu'elle provoqua une délibération de tous les membres du syndicat le 9 janvier 1892, et comme tout doit être connu dans cette délibération nous en relatons ci-dessous le procès-verbal.

Procès-verbal de la séance du Syndicat des futailles en date du 9 janvier 1892

Le Bureau était formé par MM. A. LEROUGE, Président; BARBIN, Vice-Président; HOMMET, Trésorier; RENARD, Secrétaire.

M. LEROUGE, Président, ouvre la séance.

Il constate que la plus grande partie des membres du Syndicat ont tenu à répondre à l'invitation qui leur a été adressée par le Bureau du Syndicat.

Il remercie ses collègues de leur dévouement pour l'étude de tout ce qui peut intéresser le commerce de la futaille.

Et lit ensuite l'ordre du jour de la séance ci-dessous :

Du rapport des loueurs de futailles avec les tiers détenteurs de fûts de location et du droit de revendication des loueurs.

Après lecture de cet ordre du jour, M. le Président fait connaître à la Chambre que la question mise à l'ordre du jour a depuis longtemps fixé l'attention du Syndicat des négociants en futailles ; qu'elle a fait l'objet de nombreuses délibérations, mais qu'aujourd'hui elle doit recevoir une solution, parceque le commerce dè la location a besoin de savoir ce qu'il convient de faire dans le cas qui se présente trop fréquemment, où les fûts loués sont appréhendés par un consignataire, qui prétend avoir sur eux un droit de gage, parce qu'il a fait des avances sur la marchandise sans distinction entre le fût et le jus.

Il explique que la théorie des consignataires a été quelquefois consacrée par des arrêts de cours et de tribunaux.

Que l'opinion contraire a bien plus souvent prévalu, parce que les magistrats ont, avant tout, souci de protéger le patrimoine des commerçants, mais qu'il ne faudrait plus que ces hésitations se produisissent dans la jurisprudence.

Qu'il est bien certain, que la loi n'admet que deux cas dans lesquels la revendication d'un objet mobilier est possible : les cas de perte ou vol, mais que la doctrine et la jurisprudence ont toujours distingué entre les tiers détenteurs de bonne foi, ou celui qui sait, ou même peut présumer, que la marchandise qu'on lui livre n'est pas la propriété du consignant.

A celui-là, la loi n'offre pas l'exception tirée de la possession fondée sur juste titre et bonne foi.

C'est pourquoi, frappés de l'analogie qui existe entre un détenteur à titre précaire et le tiers consignataire de fûts, en raison de l'usage bien établi sur la place, au résultat duquel tout le monde sait que les importations de vins se font dans une proportion d'au moins 60 o/o en fûts de location, les membres du Bureau ont tenu à provoquer une réunion extraordinaire du Syndicat pour que ce dernier pût, après s'être entouré de tous les renseignements utiles, pourvoir à la défense des intérêts du commerce de la location des futailles.

Et pour que cette consultation du Syndicat fut productive de résultats, M. le Président fait connaître à l'Assemblée qu'il a prié Mᵉ Bergeron, avocat, de bien vouloir assister à la réunion pour fournir sur les points de droit, que soulève la question mise en délibération, toutes les explications que le Syndicat voudra bien lui demander.

M. le Président présente Mᵉ Bergeron et lui donne la parole.

Ce dernier reprend les développements donnés par M. Lerouge, sur la distinction entre les tiers détenteurs de bonne foi, et ceux qui ne peuvent fonder leur possession sur juste titre.

Il explique que l'exception tirée de l'article 2279 ne peut être utile au tiers détenteur, que d'autant que la bonne foi qui fonde sa détention est absolue.

Que M. le Président a noté avec beaucoup de sens la distinction juridique que la doctrine et la jurisprudence ont introduite dans la question ; en conséquence, s'il est d'usage constant sur la place, s'il est bien établi que dans une forte proportion les importations de vins se font en fûts de location, cette circonstance suffit pour que la détention du tiers consignataire ne soit jamais fondée sur un principe de bonne foi qui rende la revendication impossible parce que le tiers détenteur, négociant lui-même, ne peut ignorer les usages d'une place de commerce et doit les respecter.

Si donc le dit consignataire consent des avances sur marchandises logées en fûts de location, il ne pourra pas se soustraire à l'action formée contre lui par le légitime propriétaire, en invoquant la disposition du premier alinéa de l'article 2279 du Code civil.

Il ajoute que l'usage dont les loueurs de futailles excipent, existant sur la place, il est nécessaire qu'il soit consacré par des délibérations des Chambres syndicales intéressées, par des certificats émanants de commerçants.

Et qu'il faut aussi donner aux délibérations qui seront prises, la plus large publicité.

Notamment qu'avis en soit donné au Président de la Chambre de Commerce.

Au Président du Tribunal de Commerce.

Et à toutes les Chambres syndicales en rapport avec le Syndicat du commerce de futailles.

Qu'après toutes ces formalités accomplies, l'usage commercial sera assez fortement établi pour lier le juge et ne plus donner ouverture à ces décisions diverses contre lesquelles le commerce de location s'élève avec juste titre.

Mᵉ Bergeron conclut en disant que la consécration de l'usage qui existe en fait, est la seule ressource qui s'offre aux négociants pour unifier la jurisprudence sur la matière de la revendication.

Mᵉ Bergeron ajoute qu'il se tient à la disposition des membres du Syndicat pour tous les renseignements dont ils pourraient encore avoir besoin.

M. Charles, membre du Syndicat, demande la parole. Il déclare qu'il est prêt à sanctionner par son vote, la consécration d'un usage qui ne fait doute pour personne, et revêt tous les caractères qui le rendent obligatoire.

1º Général, puisqu'il est pratiqué dans les centres vinicoles de la France.

2º Ancien, puisqu'il date de l'époque de l'importation des vins étrangers, mais qu'il estime qu'on rencontrera bien des hésitations pour le faire reconnaître par les négociants en vins.

M. Barbin se rallie à sa manière de voir.

M. le Président donne son avis. Il estime, que si quelques membres du commerce des boissons hésitent à donner leur approbation à la consécration de l'usage, la majorité du commerce honnête et sérieux, bien pénétrée qu'il y a là un acte d'équité à sanctionner, donnera son approbation sans marchander.

Qu'il y a donc lieu en l'espèce, de n'attacher qu'une importance toute relative à la défection de quelques-uns, défection qui, si elle se présente, portera sur une bien infime minorité.

Il ajoute au surplus que le commerce de location de futailles deviendrait bientôt impossible s'il ne trouvait pas dans la loi et auprès des magistrats, l'appui de la protection qu'il est en droit d'attendre, et qu'il faut fournir à la justice le moyen légal de faire respecter ses droits au même titre que celui de tous les propriétaires.

M. le Président demande alors qu'un vote solennel du Syndicat reconnaisse en fait l'existence de l'usage constant des négociants de Bercy, d'employer dans une proportion d'au moins 60 o/o, des fûts de location, pour le transport des vins d'importation.

Et secondement la nomination d'une commission de trois membres, qui sera chargée de provoquer de la part de toutes les Chambres syndicales compétentes, des délibérations sur le même point.

De recueillir des délibérations de notables commerçants, de négociants importateurs sur le même objet. Enfin de faire toutes démarches et de recueillir tous documents nécessaires pour la consécration de l'usage, dont la reconnaissance solennelle est poursuivie.

Personne ne demandant plus la parole, M. le Président met aux voix sa proposition.

A l'unanimité des membres présents, l'Assemblée reconnaît l'existence sur la place, d'un usage pratiqué par la majorité des négociants en vins, de louer les fûts destinés au transport des vins étrangers et des vins français en provenance du Midi.

En conséquence l'Assemblée délègue MM. Lerouge, Barbin et Charles, pour faire auprès de toutes Chambres de commerce ou syndicales et de tous notables commerçants, toutes démarches nécessaires pour obtenir des délibérations ou déclarations destinées à affirmer l'usage ci-dessus et en outre pour faire notifier officiellement au nom du Syndicat.

1° A M. le Président du Tribunal de Commerce.

2° A M. le Président de la Chambre de Commerce.

3° A M. le Président de la Chambre syndicale des négociants en vins.

4° Et à toutes Chambres syndicales intéressées la présente délibération et lui faire donner toute la publicité qui lui sera nécessaire.

Rien n'étant plus à l'ordre du jour, M. le Président a clos la séance et signé le présent procès-verbal après lecture.

Paris, le 9 janvier 1892.

Le Secrétaire,
RENARD

Le Président,
LEROUGE

Comme suites aux mesures décidées dans cette séance du 9 janvier 1892, la Chambre syndicale s'adressa à la Chambre de commerce de Paris et lui demanda à la fois de se prononcer sur la question d'usage et de lui donner les moyens propres à assurer aux loueurs la revendication de leurs futailles.

Nous citerons la réponse donnée par la Chambre de commerce qui constitue un véritable *parère*.

Elle est ainsi conçue :

<table>
<tr><td>

CHAMBRE

DE

COMMERCE

DE

PARIS

—

USAGES COMMERCIAUX
Location
de Futailles Vides

</td><td>

Paris, le 26 février 1890.

Monsieur le Président,

</td></tr>
</table>

A la date du 17 de ce mois, vous nous avez donné communication d'une délibération de votre Syndicat, relative aux usages commerciaux concernant la location des futailles.

Vous nous demandiez, en même temps, de formuler un avis sur cette question, de grande importance pour votre branche de commerce.

Après mûr examen des considérations développées dans votre délibération et à la suite de renseignements recueillis aux sources les plus autorisées, la Chambre de commerce a été amenée à reconnaître que depuis plusieurs années, une grande partie des futailles qui contiennent notamment les vins exotiques, sont prises en location par les négociants en vins chez les marchands de futailles.

En présence de cet usage, le commerce de location se préoccupe de la situation de droit qui peut lui être faite, dans le cas où les fûts loués sont appréhendés par un consignataire, prétendant avoir sur eux droit de gage, puisqu'il a fait des avances sur la marchandise sans distinction entre le contenant et le contenu.

Vous désireriez en conséquence, que l'usage commercial de la location de futailles fut assez fortement établi pour unifier la jurisprudence, et éviter des décisions diverses contre lesquelles s'élève votre commerce.

Tout en constatant l'usage dont il s'agit et qui s'élèverait d'après votre propre estimation à 60 o/o, pour la location des futailles employées pour le transport des liquides, la Chambre de commerce s'est demandée s'il n'y aurait pas un moyen simple et pratique de permettre aux loueurs de futailles de les revendiquer sans contestation, entre les mains des consignataires ou des Magasins généraux, ayant fait des avances sur des lots de vins, alcools, etc. déposés chez eux. Or ce résultat nous paraîtrait pouvoir être obtenu mais à la condition indispensable que ces fûts portassent *une marque à feu* bien apparente indiquant le nom et l'adresse de leur propriétaire avec la mention « *Fûts en location* ».

Telle est la solution que la Chambre de commerce a cru devoir vous recommander, comme étant de nature à sauvegarder les intérêts de votre branche de commerce, *si elle est disposée à l'adopter.*

Agréez, Monsieur le Président, l'assurance de notre considération très distinguée.

<table>
<tr><td>Le Secrétaire,</td><td>Le Président,</td></tr>
<tr><td>Signé : ILLISIBLE</td><td>Signé : COUSTÉ</td></tr>
</table>

Enfin dans le même ordre d'idées la Chambre syndicale demanda aux principaux négociants en vins de la place de Paris de reconnaître l'existence des deux usages dont nous avons parlé.

Nous citerons un certain nombre de certificats qui ont une très grande importance, si l'on considère qu'ils émanent de négociants ayant des intérêts *plutôt contraires* à ceux des loueurs de futailles.

Nota. — Les originaux de tous ces certificats sont déposés aux archives de la Chambre syndicale des négociants en futailles du département de la Seine.

CERTIFICATS

G. Champeval, 55, rue du Pont-de-Bercy.

Je soussigné, représentant courtier en vins, déclare qu'il est d'usage presque constant de se servir de fûts en location pour le logement des vins provenant soit de l'étranger, soit des vignobles français et qu'aux yeux des commerçants, la marque à feu ou la mention « fût à rendre », indiquent suffisamment la propriété du loueur, pour que le détenteur, quel qu'il soit, ne puisse disposer à son profit de cette futaille.

Bercy, le 12 février 1892, signé : *Champeval.*

Nota. — Ce certificat émane de M. Champeval, adjoint au maire du XIIe arrondissement de la ville de Paris, négociant qui jouit à tous égards, d'une autorité que sa longue expérience des affaires de vins, justifie entièrement.

A. Louot et Cie, 73, rue du Pont-de-Bercy.

Nous déclarons que nous louons à divers loueurs de la place, une grande quantité de futailles pour servir à l'importation de nos vins et que la plupart de nos confrères sont dans le même cas.

Nous considérons cette industrie non-seulement très importante, mais comme presque indispensable au commerce des vins.

Paris, le 13 février 1892, signé : *A. Louot et Cie.*

G. Huber et fils, 68, rue du Petit-Bercy.

Nous certifions que la presque totalité des vins importés d'Espagne sont logés dans des fûts en chêne, dits transports, appartenant à des loueurs de futailles, et que, au moins en ce qui nous concerne, nous n'avons jamais entendu faire des avances sur les futailles, mais seulement sur le vin, en raison de l'usage de loger les vins dans des fûts loués.

Paris, le 5 février 1892, signé : *G. Huber et fils.*

Vernier et Denglebem, 58, rue du Petit-Bercy.

Nous certifions qu'il est d'usage général de se servir de fûts de location pour le logement des vins venant de l'étranger ou de vignobles de France et que les maisons que nous représentons ont recours à ce mode d'enfutage.

Paris, le 10 février 1892, signé : *Vernier et Denglebem.*

Quenouille, 45, quai de Bercy.

Je soussigné, certifie que presque tous les vins étrangers et une grande partie des vins du Midi, envoyés à la vente sont logés dans des fûts appartenant à des tiers et que l'usage est de vendre les vins nus ; par conséquent la futaille ne peut en aucun cas servir de gage.

Paris, le 10 février 1892, signé : *Quenouille.*

Campagnac, 62, rue du Petit-Bercy.

Le soussigné certifie que tous les vins qu'il reçoit d'Espagne ou du Midi sont logés en fûts de location.

Paris, le 10 février 1892, signé : *Campagnac.*

C. Albenc, Paris-Bercy.

Je certifie que les 9/10 de mes affaires d'importation ou des vignobles français, sont rentrées dans des fûts de location ; tous ces fûts portent une estampille et une marque à feu, qui établissent d'une façon indiscutable que le fût n'appartient pas à la marchandise.

Paris, le 6 février 1892, signé : *G. Albenc.*

Méras et Jugnel, 26, rue de Blaye.

Nous certifions que la plupart du temps, nous nous servons pour l'importation de nos vins d'Algérie et de l'étranger de fûts en location, usage qui est généralement employé à Bercy par presque tous les importateurs.

Paris, le 10 février 1892, signé : *Méras et Jugnel.*

Boulongne, 3, Grand-Préau (Halle aux vins).

Je certifie qu'il est d'usage, pour une grande partie des vins étrangers et du Midi, de louer aux maisons de futailles, des fûts vides, marqués à leur nom et qui restent leur propriété.

Paris, le 13 février 1892, signé : *Boulongne.*

Herbelin, 31, Grand-Préau (Halle aux vins).

Je soussigné certifie que presque tous les vins étrangers et une notable partie de ceux du midi de la France, qui nous sont envoyés à la vente, sont logés dans des fûts de location. J'ajoute que lorsque nos correspondants nous demandent des avances, nous avons le soin de ne les faire porter que sur le vin, entendant respecter la propriété des loueurs.

Paris, le 9 février 1892, signé : *Herbelin.*

E. Bourgouin, 50, quai de Bercy.

Nous certifions que la plus grande partie des vins que nous recevons à la vente, sont reçus en fûts de location et que les avances que nous faisons ne portent que sur le vin.

Paris, le 5 février 1892, signé : *Bourgoin.*

E. Goulet et Cie, 1, boulevard de Bercy.

Nous soussignés, déclarons que nous employons pour la plus grande partie de nos importations, des fûts transports, loués à cet effet aux loueurs de futailles de notre place.

Depuis quelques années, cet usage s'est répandu d'une façon presque générale.

Paris, le 9 février 1892, signé : *Goulet et Cie.*

J. Pardon, 12, rue de Barsac.

Je soussigné, négociant en vins, déclare avoir recours, presque.constamment, à la futaille de location pour la retiraison de mes vins à la propriété, tant en France qu'à l'étranger, et je reconnais que ces futailles étant la propriété du loueur, cette propriété ne peut lui être contestée dans quelque cas que ce soit.

Paris, le 12 février 1892, signé : *J. Pardon.*

L. Tessier et Rolland, 23, quai de Bercy, Charenton.

Nous soussignés, attestons qu'il est d'usage fréquent de se servir de fûts de location pour le logement des vins français ou exotiques et qu'aux yeux des commerçants, les marques à feu indiquent la propriété du loueur.

Paris, le 15 février 1892, signé : *L. Tessier et Rolland.*

L. Chapuis fils, 46, quai de Bercy.

Je soussigné déclare avoir recours presque constamment à la futaille de location pour la retiraison de mes vins, tant en France qu'à l'étranger, et je reconnais que cette futaille, étant la propriété du loueur, personne ne peut prétendre droit sur elle, dans quelque cas que ce soit.

Paris, le 12 février 1892, signé : *Chapuis.*

3

Benon et Gassel, 68, rue du Petit-Bercy.

Pour l'importation, il est d'usage de louer des fûts à des maisons de location, et la futaille ne peut jamais être appréhendée par un créancier ou se confondre avec les biens du débiteur dans une liquidation.

Paris, le 5 février 1892, signé : *Benon et Gassel*.

J.-M. Pouly, Entrepôt général des vins.

Je certifie, que la majeure partie des vins importés de l'étranger ou provenant du Midi, sont logés en fûts de location portant l'estampille du loueur.

Paris, 7 février 1892, signé : *J.-M. Pouly*.

A. Védry, 1bis, rue de Dijon.

Je déclare que les vins provenant de l'étranger sont logés dans une forte majorité en fûts de location.

Je déclare aussi, qu'à l'aspect de ces fûts qui portent la marque du loueur, il est difficile de ne pas s'apercevoir que ces fûts ne sont pas la propriété de l'expéditeur du crû.

Paris, le 6 février 1892, signé : *Védry*.

Il ressort de ces attestations, que nous ne donnons pas en plus grand nombre, bien que les archives de la Chambre syndicale en contiennent un nombre considérable, qu'il est d'usage constant dans le commerce des vins :

1° D'importer les vins exotiques et les vins du midi de la France en fûts de location ;

2° D'acheter les vins nus et de ne faire d'avance que sur les vins nus.

Mais ces usages ne sont pas spéciaux à la place de Paris, ils sont généraux et trouvent leur application dans tout le commerce des vins.

Nous pouvons l'établir par un jugement du Tribunal de Commerce de Marseille en date du 19 juin 1891, que nous reproduisons ci-dessous.

LE TRIBUNAL : Attendu que D... et Cie ont prêté sur marchandises à G... père diverses sommes. Qu'il leur resterait dû pour solde de leurs avances une somme de 5.350 fr. 55. Qu'ils prétendent avoir pour gage du paiement de cette somme, non-seulement les vins déposés en leurs mains, mais encore les fûts les contenant; qu'ils excipent de la stipulation : « *Vins et Bois* » intervenue entre G... père et eux, par laquelle G... père aurait précisé l'objet donné par lui en nantissement à ses prêteurs; que ce nantissement portait donc d'après D... et Cie sur les fûts dont G... père se serait déclaré ainsi véritable propriétaire.

Mais attendu que D... et Cie n'ont pu présumer, ni même admettre que G... père eût réellement la propriété des fûts, que la situation pécuniaire de ce dernier ne lui permettrait pas d'avoir à sa disposition un matériel de fûts aussi considérable que celui qu'il aurait ainsi engagé; que D... et Cie ne pouvaient ignorer sa position gênée et s'ils avaient cru sérieusement qu'un pareil gage existait en mains de G... et Cie, ils lui auraient certainement réclamé la justification de sa propriété, ce qui n'a pas eu lieu.

Attendu que D... et Cie pouvaient d'autant moins s'abstenir d'éclairer un point aussi important, qu'exerçant eux-mêmes à Marseille le commerce de location de fûts, ils doivent nécessairement *connaître l'usage parfaitement établi sur la place de Marseille, parmi les commerçants en vins, de ne se servir que de fûts loués ou à rendre aux vendeurs directs;* que cet usage étant général et destiné à favoriser ce commerce, il en découle une présomption défavorable au système soutenu par D... et Cie; mais que cette présomption se change en certitude, en présence d'un fait matériel de leur initiative même. Qu'ayant à remettre à G... 20 fûts vides que celui-ci avait engagés en leurs mains avec la clause « *Vins et Bois* » et que réclamait leur propriétaire véritable, D... et Cie ont transvasé les vins de ces 20 fûts, dans 20 fûts leur appartenant, protestant ainsi contre les termes de l'engagement « *Vins et Bois* »; d'où il ressort clairement que ce n'était là, quant aux fûts vides eux-mêmes qu'une simple et vaine formule, et que D... et Cie n'ont pas fait confiance à ces fûts vides comme considérés par eux, propriété personnelle de G... père.

Par ces motifs : Déboute D... et Cie de leurs prétentions relativement au gage qu'ils auraient sur les fûts déposés entre leurs mains et qu'ils prétendent faire vendre pour se couvrir d'une somme de 5.350 fr. 55 qui leur reste dûe par G... père. Admet au contraire, l'intervention des sieurs L..., P..., B..., A..., N..., A..., etc. Condamne D... et Cie et G... père à leur restituer chacun pour le nombre les concernant les fûts vides dont s'agit dans leurs conclusions, et ce à peine de tous dommages-intérêts en cas de retard et ce avec dépens.

Cette citation terminera l'étude de notre 1re partie sur les Usages Commerciaux, Usages qui appuyés de principes juridiques sainement appliqués ont fondé la jurisprudence favorable à la revendication des fûts dont l'identité est établie par des marques.

Nous allons aborder la 2e partie de notre étude qui a pour objet l'examen des principes juridiques sur la revendication des futailles.

———

DEUXIÈME PARTIE

Principes juridiques

CHAPITRE I

NATURE DU DROIT DES LOUEURS DE FUTAILLES

Les droits qui compètent au locateur de futailles sont de deux sortes :

1º Un droit réel sur la chose louée droit qui dérive de la qualité de propriétaire en la personne du remettant;

2º Un droit personnel qui dérive de la convention au résultat de laquelle la remise est faite.

Sur le droit réel, sur le droit de propriété nous n'avons pas à donner d'explication, c'est le droit le plus complet que l'on puisse avoir sur une chose, le *Jus-Utendi et abutendi*, le droit enfin qui seul ouvre au profit de celui qui en est nanti l'action en revendication.

Le droit personnel est régi par la convention de location et par les règles contenues au livre III, titre 8 du Code civil sur le contrat de louage.

Le locateur a donc deux catégories de droits à sa disposition pour obtenir la restitution des fûts qu'il a remis en location,

Une action en restitution tirée de la Convention de location, action d'autant plus efficace qu'elle prend sa base dans un contrat de louage dont la violation constitue un abus de confiance et peut être punie par les peines portées en l'article 408 du Code pénal.

Une action en revendication fondée sur le droit de propriété.

C'est cette dernière action qui permet au locateur de revendiquer des fûts entre les mains d'un tiers détenteur.

Mais pour l'exercice de ces actions une distinction d'ordre pratique s'impose.

Il faut distinguer la situation du locateur en face d'un locataire ou d'un tiers détenteur *in bonis*, et sa situation en face d'un locataire ou d'un tiers détenteur en déconfiture.

Locataire in bonis

Le droit du locateur est et reste ce que nous l'avons défini, un droit réel qui lui permet de revendiquer sa chose, un droit personnel qui lui donne faculté de faire résilier la convention de location pour inexécution des conditions, ou inobservation des règles générales en matière de louage.

Cette situation pourra être modifiée, mais par suite seulement des événements prévus par les principes généraux, destruction ou perte de la chose louée, à la charge par le locataire de justifier des cas fortuits cause de la destruction ou de la perte, faute de quoi en raison des mêmes principes, le locataire sera tenu de payer au locateur la valeur des objets qui lui avaient été remis en location (art. 1722 et 1903 Code civil).

Au surplus cette obligation de payer la valeur de la chose louée, même s'il survient une perte par cas fortuit, sera toujours encourue, parce que les locations n'étant consenties que sous l'obligation d'assurer les fûts pour leur valeur, et de rembourser la dite valeur au propriétaire au cas de perte, le locataire devra toujours cette valeur dont il trouvera du reste le remboursement par l'indemnité que lui serviront les compagnies d'assurances.

Locataire en état de faillite

L'état de faillite ne modifie rien à l'exposé de principes qui précède

Le droit du locateur reste le même, la masse ne peut appréhender comme lui appartenant, les futailles qui avaient été remises en location au failli.

Elle n'a sur les fûts, qu'un droit de jouissance qui est réglé par la convention de location dans laquelle elle est subrogée de droit.

Par suite elle est tenue à restitution comme l'était le failli, et elle ne peut se soustraire à cette restitution qu'en justifiant soit que les fûts étaient perdus avant le jugement déclaratif de faillite, soit qu'ils ont été perdus ou détruits depuis par suite d'un cas fortuit que le représentant de la masse aura charge d'établir.

Si la perte est survenue avant la faillite, le droit du locateur sera converti en un droit de créance soumis à la loi du concordat ou de l'union.

Si la perte n'est survenue que depuis le jugement déclaratif, la valeur intégrale des fûts devra être remboursée par la masse, en conformité de l'article 1903 du Code civil et des énonciations du contrat de louage, la perte étant en l'espèce survenue pour le compte de la masse subrogée aux droits du failli.

En décider autrement, serait confondre deux rapports de droit qui ne sauraient être confondus.

Celui de créancier à débiteur, qui constitue le droit de créance.

Celui de locateur à locataire, qui se résout en un droit d'obtenir restitution de l'objet remis en location ou paiement de sa valeur.

Dans le premier cas, le droit est le résultat d'une aliénation, d'un abandon qui a fait passer l'objet cause de la créance, dans le patrimoine du débiteur et l'article 2093 du Code civil doit recevoir son application.

Dans le second cas au contraire, le locateur reste le propriétaire de la chose qui n'est pas incorporée au patrimoine du failli, il a droit d'en obtenir la restitution, et pour cela il n'a pas besoin de recourir à la procédure de revendication, réglée par les articles 574 et suivants du Code de commerce, car ces articles supposent la revendication d'un objet aliéné mais non encore incorporé au patrimoine du failli, ce qui n'est pas notre espèce.

Il faut donc en conclure, que la masse subrogée aux droits

du failli, substituée à ses obligations, est tenue comme l'était le failli lui-même, et dans des conditions absolument identiques ; si elle conserve les fûts elle paiera la prime de location ; si les fûts sont détruits elle devra intégralement le remboursement de leur valeur, et si pour une cause ou pour une autre elle ne veut pas conserver la futaille a défaut d'accord amiable avec le locateur, c'est elle qui sera personnellement tenue de payer les dommages-intérêts qui seront la conséquence de cette résiliation.

C'est du reste en conformité de ces principes, que le tribunal de commerce de Nancy a rendu le jugement dont nous reproduisons le dispositif.

Jugement du Tribunal de Commerce de Nancy du 28 juillet 1890.

Le Tribunal après avoir ouï les parties et le juge commissaire.

Attendu que des faits de la cause et des explications fournies à l'audience, il résulte que la faillite de la dame Bourgeois redoit à Saint frères, 548 sacs que ces derniers avaient loué avec d'autres à la dame Bourgeois, antérieurement à la date de sa déclaration de faillite, moyennant une location fixée à cinq centimes par mois.

Que lors de cette location verbale, il fut convenu que ceux de ces sacs qui ne seraient pas rendus, seraient payés un franc l'un.

Attendu qu'il résulte aussi de ces faits et explications, que Bloch (Syndic) et la dame Bourgeois ont depuis la date de l'admission de cette dernière au bénéfice de la liquidation judiciaire, vendu par erreur avec la marchandise y contenue, les toiles litigieuses.

Que Bloch est mal venu dans ces conditions à refuser à Saint frères leur admission par privilège au passif de la faillite, pour le prix principal des sacs dont s'agit et le montant de la location.

Qu'il y a dès lors ; lieu de faire droit aux conclusions de Saint frères.

Par ce motif le tribunal jugeant en dernier ressort dit que Saint frères seront admis au passif privilégié de la faillite de la dame Vᵛᵉ Bourgeois, pour la somme de 548 fr. prix de 548 sacs litigieux, et aussi pour le montant de la location des dits sacs à raison de cinq centimes par sac et par mois, depuis l'ouverture de la liquidation judiciaire.

Condamne Bloch en tous les dépens de l'instance, liquidés à 33 fr. 75 à prendre sur la masse de la faillite.

Tout ce que nous venons de dire de la faillite, s'applique à la liquidation judiciaire, et avec plus de force encore, puisque l'état de liquidation judiciaire, ne comporte pas dessaisissement du patrimoine, qu'il n'y pas de masse subrogée aux droits et aux obligations du liquidé, qui reste à la tête de ses affaires, qu'il continue à diriger sous le contrôle d'un mandataire de justice, nommé liquidateur judiciaire.

Tout semblerait donc dit sur ce chapitre, si nous n'avions à examiner en quelques mots, la situation du failli ou du liquidé qui ont obtenu un concordat.

Nous venons de voir que le locateur échappe en matière d'union, à la loi du dividende.

1º Pour les primes de location, qui lui sont dues par la masse.

2º Pour la valeur des fûts non restitués par la masse, en tant qu'elle en est comptable.

Echappe-t-il également à la loi du Concordat et à l'article 516 du Code de Commerce ?

L'affirmative n'est pas douteuse, et c'est par les mêmes principes que nous justifierons cette proposition et celle qui nous a conduit à faire échapper le locateur à loi du dividende.

Nous l'avons dit et nous le répétons, le locateur n'est point créancier de la valeur de sa futaille.

Il ne l'a pas aliénée, le liquidé et le failli concordataire sont tenus de la lui rendre comme la masse en était tenue, comme le failli en était tenu avant sa déclaration de faillite parce que ces fûts ne se sont pas confondus avec le patrimoine du liquidé ou du failli, concordataires ou non.

Par conséquent le locateur a le droit d'exiger la restitution de ses fûts, et à défaut le paiement de leur valeur.

Il a droit aux primes de location jusqu'à cette restitution, ou jusqu'au jour où la résiliation du contrat étant un fait accompli, il est intervenu une décision de justice qui condamne le débiteur comme dans tous les cas où il s'agit d'obligations de faire ou de donner, à des dommages-intérêts qui en l'espèce représenteront la valeur des fûts non rendus.

Nous avons jusqu'ici supposé que le locateur n'était en rapports qu'avec le locataire, mais il arrivera fréquemment que nous nous trouverons en présence d'un tiers détenteur, ce tiers détenteur peut être lui-même en état de faillite.

Quelle sera alors la situation du locateur ?

Il est bien évident que cette situation sera la même, et que le tiers détenteur, ou le syndic qui représentera la masse de la faillite seront tenus comme le locataire.

Qu'oiqu'il en soit, l'hypothèse que nous venons d'indiquer nous amène tout naturellement à rechercher si le locateur n'a pas une action directe contre le tiers détenteur de la chose, pour en obtenir la restitution.

Cette question fera l'objet de notre chapitre II.

CHAPITRE II

ACTION EN REVENDICATION

Lien de droit. — Recevabilité de l'action en revendication

La plupart des procès en revendication mettent trois parties en présence.

1º Le locateur, qui réclame la résiliation du contrat de location et la restitution de ses fûts.

2º Le locataire, qui n'a pas satisfait à ce contrat.

3º Le tiers détenteur, qui est généralement un consignataire, chez lequel le locataire a mis des vins en consignation et qui prétend que son droit de gage porte sur contenant et contenu.

Le tiers détenteur actionné en restitution par le locateur, oppose généralement deux moyens.

Le premier est une fin de non-recevoir fondée sur l'absence d'un lien de droit entre eux.

Le second est une défense au fond dans laquelle il se couvre au moyen de la règle tirée de l'article 2279 du Code Civil.

« En fait de meubles, possession vaut titre. »

Voyons l'exception.

Le système du tiers détenteur est simple, il oppose qu'il n'a pas traité avec le locateur, qu'il n'est intervenu entre eux aucune convention dont le locateur aurait à se plaindre, et qu'en conséquence son action n'est pas recevable.

Cette théorie est à la foi condamnée par la doctrine et par la jurisprudence.

En premier lieu, la doctrine nous apprend qu'un lien de droit peut résulter de la loi comme d'une convention.

Or dans notre espèce, le lien de droit que l'on peut relever est d'ordre légal.

Il existe en effet certains rapports de droit, qui une fois créés donnent naissance à des obligations dont l'exécution peut être demandée à toutes les personnes qui détiennent l'objet de la prestation.

Telle est la Convention de Commodat.

Celle du prêt.

Celle du louage.

L'obligation de rendre la chose prêtée, ou louée, est de l'essence de ces conventions, par suite le propriétaire des objets prêtés ou loués, trouve dans sa qualité de propriétaire une action qui peut être dirigée contre tout tiers détenteur de sa chose.

Ainsi l'a jugé la Cour de cassation dans un arrêt que nous reproduisons ci-dessous.

L'arrêt est précédé d'un exposé des faits pour l'intelligence de la sentence.

Cour de Cassation, 29 janvier 1877

Par jugement du 17 février 1876, le tribunal de la Seine avait décidé qu'un sieur C..., détenteur de sacs de location de la maison S..., loués à un sieur R... pourrait comme créancier de ce dernier conserver les dits sacs et en appliquer la valeur en compensation avec ce qui lui était dû.

Le même jugement déboutait MM. S... de leur action directe en restitution contre C..., par ce motif qu'aucun lien de droit n'existait entre ce dernier et MM. S...

Déféré à la Cour de cassation ce jugement a été cassé par arrêt de la chambre civile du 29 janvier 1877, ainsi conçu : La cour etc., etc. vu les articles 1289 1291 et 1885 du code civil.

Attendu qu'il est reconnu que les sacs revendiqués appartenaient à MM. S..., et que le droit de propriété de ces derniers n'a pas été contesté.

Attendu que l'obligation de rendre la chose louée est de l'essence du contrat de louage, *qu'ainsi l'action de S... contre R..., trouvait son entière justification dans leur qualité de propriétaires.*

Attendu que C... ne pouvait opposer à cette demande aucune compensation avec leur créance contre R..., qu'en effet S... n'étaient pas leur débiteur, et que d'autre part la compensation ne peut avoir lieu entre deux dettes dont l'une était de sommes d'argent et l'autre d'effets mobiliers.

Que C... ne pouvait davantage *se prévaloir d'un droit de rétention* puisqu'aux termes de l'article 1885 du Code civil l'emprunteur ne peut retenir la chose par compensation avec ce que lui doit le prêteur — (ou locateur).

D'où il suit qu'en autorisant C... à s'approprier les sacs, le jugement attaqué, a méconnu le droit de propriété des revendiquants et violé les articles sus visés. Par ces motifs. Casse.

Nous citerons en second lieu un extrait d'un jugement du Tribunal de Commerce de la Seine sur la question.

Jugement du Tribunal de Commerce de la Seine du 29 septembre 1892

« Attendu que R... soutiennent que, n'ayant traité avec L... ni de l'achat, ni de la location des 62 demi-muids, ceux-ci ne seraient pas recevables dans leur demande en restitution à leur égard ;

» Que le fait par eux d'avoir ces fûts en leur possession éta-
blirait leur droit de propriété (article 2279 du Code civil);

» Qu'en conséquence, et à tous égards, l'action L... devrait
être déclarée non-recevable;

» Mais attendu que le fait par R... d'avoir en leur possession
les 62 demi-muids dont s'agit ne saurait consacrer leur droit de
propriété sur ces mêmes fûts;

» Qu'en admettant même, ainsi qu'ils le prétendent que ceux-
ci leur ait été donnés par S... en garantie de partie des avances
qu'ils lui ont consenties, ce dernier dont le gage n'a pas été exécuté quant à ces 62 demi-muids vides en est demeuré propriétaire;

» Que R... ne sont donc que tiers détenteurs des fûts et que
L..., loueurs de futailles, sont fondés à revendiquer entre leurs
mains les futailles par eux remises en location au sieur A..., puis
à S..., lesquelles sont demeurées leur propriété;

» D'où il suit que l'action de L..., est recevable à leur égard. »

Nous citerons enfin un deuxième extrait d'un jugement du
Tribunal de commerce de la Seine sur la question également, du
14 janvier 1893 *(Journal, La Loi, du 8 février 1893)*.

En ce qui touche G...

Sur la restitution des fûts ou paiement de leur valeur.

Attendu que de ce qui vient d'être dit à l'égard de L... il ap-
pert qu'il n'y a lieu d'examiner que la demande formée par N...
de ce chef.

Sur la recevabilité d'icelle.

Attendu qu'il est établi que les marchandises vendues par N...
à M... ont été mises par ce dernier en consignation chez G...
en couverture d'avances qui lui étaient consenties par ce défen-
deur.

Que M... ne conteste pas à N... la qualité de propriétaire des
fûts dont il réclame la restitution.

Que d'ailleurs celui-ci justifie au moyen des documents versés
au débat qu'il est réellement propriétaire des fûts litigieux.

Qu'il puise dans la dite qualité le droit d'en revendiquer la restitution des mains du détenteur actuel.

D'où il suit que la demande de N... contre G... est recevable.

Ces citations sont la consécration absolue de la vérité de ces deux propositions.

1° Que l'action en revendication introduite par le propriétaire d'un fût contre un tiers détenteur est recevable.

2° Qu'il existe un lien de droit entre les mêmes parties — propriétaire et tiers détenteur.

Nous allons maintenant aborder l'examen de la maxime :

« En fait de meubles, possession vaut titre. »

CHAPITRE III

EXCEPTION A L'ACTION EN REVENDICATION

Maxime tirée de l'article 2279 du Code civil

« En fait de meubles, possession vaut titre »

Le moyen de fond opposé par les tiers détenteurs de fûts de location aux propriétaires de ces fûts, est tiré de la règle de l'article 2279 du Code civil ainsi conçue : « en fait de meubles, possession vaut titre. »

Cette règle est un adage : cela explique sa brièveté et par suite son obscurité.

Pour en découvrir le sens, il y a deux moyens : le premier consiste à l'éclairer par l'exception que la loi lui fait subir, le second, à interroger la tradition.

L'exception est très claire : elle consiste en ce que dans un cas particulier, seulement celui de perte ou de vol, le propriétaire d'une chose mobilière est admis à la revendiquer contre celui dans les mains duquel il la trouve.

Quant à la règle, tirée du texte même elle indique que l'on ne revendique pas les objets mobiliers.

Les meubles n'ont pas de droit de suite en France, ni en général dans les Etats modernes, notamment en Allemagne. *Mobi-
lia non habent Sequelam,* a dit le jurisconsulte Voët.

Nous arrivons donc à dire en interprétant la première partie
de l'article 2279 par la seconde, que la règle « en fait de meubles,
possession vaut titre, » signifie qu'on ne revendique pas les
meubles.

La tradition qui a une grande autorité dans cette matière con-
firme pleinement l'induction tirée du texte, car c'est un auteur
du xviiie siècle, Bourjon, qui a donné à l'adage la formule que
l'article 2279 a reproduite.

C'est donc à Bourjon, que notre législateur l'a empruntée, il
n'y a pas, par conséquent, en dehors du texte, de plus grande
autorité que la sienne pour en déterminer le sens. Voici la formule de Bourjon : *En matière de meubles, la possession vaut titre
de propriété : la sûreté du commerce l'exige ainsi.* »

D'autre part la coutume du Châtelet de Paris portait textuel-
lement que « *les meubles ne comportent pas de droit de suite; la
prescription en est instantanée. . . . .
pour les meubles, pas besoin de prescrire, pas de prescription.* »

Si donc la possession vaut titre de propriété, on ne peut pas
plus revendiquer contre le possesseur que contre un véritable
propriétaire.

Le passage de Bourjon que nous venons de citer, indique en
même temps le motif de la règle traditionnelle : « La sûreté du
commerce l'exige ainsi. » Portalis n'a fait que paraphraser ces
quelques mots, lorsqu'il a dit dans son discours préliminaire :
« On fait très sagement d'écarter des affaires de commerce les
actions revendicatoires, parce que ces sortes d'affaires roulent
sur des objets mobiliers qui circulent rapidement, qui ne laissent
aucune trace et dont il serait presque toujours impossible de
vérifier l'identité. »

Il en est tout autrement pour les immeubles, mais cela se
conçoit. La situation de l'acquéreur est loin d'être la même dans
les deux hypothèses. Il est facile à celui qui fait l'acquisition

d'un immeuble de vérifier les droits de l'aliénateur, en examinant ses titres. L'acquéreur d'un meuble n'a pas la même ressource, parce que celui avec qui il traite n'a pas ordinairement d'autre titre que sa possession, et, quand il se présente comme propriétaire, l'acquéreur est bien obligé de le croire sur parole. Dans le premier cas, l'acquéreur est donc victime d'une erreur qu'il aurait pu facilement éviter en prenant les précautions commandées par la prudence; il subira les conséquences de sa faute ou de sa négligence : l'action en revendication du propriétaire réussira contre lui. Dans le second cas, au contraire, l'erreur de l'acquéreur a été invincible parce qu'il n'avait aucun moyen de se renseigner; l'article 2279 vient à son aide, en lui permettant d'opposer à l'action en revendication du propriétaire une fin de non-recevoir péremptoire. Mais par contre, la loi admet l'action en revendication de ce dernier, s'il a été victime d'une perte ou d'un vol.

Quand donc la maxime « en fait de meubles, possession vaut titre » lui sera-t-elle opposable ? Lorsqu'il se sera volontairement dessaisi de la possession de sa chose en la remettant entre les mains d'un locataire, d'un dépositaire, d'un emprunteur, etc., qui l'a aliénée comme sienne et livrée à un acquéreur de bonne foi. Dans le conflit qui s'engage alors entre le propriétaire et l'acquéreur nanti, la loi donne la préférence à ce dernier parce qu'il n'est coupable d'aucune négligence, tandis qu'on peut reprocher au revendiquant d'avoir imprudemment accordé sa confiance à qui ne la méritait pas, ainsi que l'événement l'a prouvé.

La règle « en fait de meubles possession vaut titre » signifie donc qu'on ne revendique pas les meubles; le possesseur peut l'invoquer comme une exception péremptoire pour repousser l'action en revendication du propriétaire.

L'application de cette règle suppose une action en revendication exercée par le propriétaire d'un meuble; le possesseur ne peut donc pas l'invoquer s'il est attaqué par une action autre qu'une action en revendication.

Aussi tout d'abord la règle est inapplicable, toutes les fois que le possesseur d'un meuble est attaqué par une action personnelle en restitution. Telle est notamment la situation du dépositaire et de l'emprunteur à usage, recherché par l'action personnelle née du dépôt ou du prêt. Telle est à plus forte raison, la situation du voleur auquel le propriétaire demande la restitution de la chose volée par l'action personnelle née du vol, *ex delicto*.

Cela explique que cette règle est inapplicable aux universalités juridiques, notamment aux successions mobilières. Celui qui détient en qualité d'héritier une succession mobilière, ne peut opposer l'article 2279 à celui qui intente contre lui l'action en pétition d'hérédité, parce que le demandeur ne revendique pas; l'objet du débat est de savoir, non qui est propriétaire, mais qui est héritier.

Enfin, c'est également parce qu'elle ne constitue qu'une exception, destinée à repousser une action en revendication, que la règle « en fait de meubles possession vaut titre » demeure, inapplicable aux meubles incorporels, c'est-à-dire aux créances. On ne revendique pas une créance à proprement parler; donc il ne peut être question d'opposer au sujet d'une créance la maxime « en fait de meubles possession vaut titre ».

Exception doit être faite pour les créances constatées par des titres au porteur. En pareil cas le droit de créance est lié au titre qui le constate et se transmet avec lui par une simple tradition manuelle; c'est une véritable action en revendication que le propriétaire procédera. S'il y a lieu, contre le possesseur des titres; la règle « en fait de meubles possession vaut titre » devient donc applicable comme s'il s'agissait d'un objet mobilier corporel.

Il importe maintenant d'établir le fondement juridique de la règle de l'article 2279 c'est-à-dire de déterminer quel est le principe de droit auquel elle se rattache.

Trois systèmes principaux se sont fait jour sur la question.

Nous rappellerons seulement le premier qui nous a paru le plus conforme à la tradition historique et le troisième que la jurisprudence a consacrée.

Le premier consiste à dire que le fondement juridique du droit est une prescription.

Cette théorie se trouve justifiée d'abord par la place même qu'occupe dans le Code civil, l'article 2279 situé dans un chapitre intitulé, du temps requis pour prescrire, et dans cette section, qui porte pour rubrique de quelques prescriptions particulières.

Et en second lieu par la coutume du Châtelet de Paris que nous rapportons à nouveau.

Les meubles ne comportent pas de droit de suite, la prescription en est instantanée.

Objectera-t-on que l'on ne saurait allier ces deux mots prescription et instantanée.

Que la prescription étant d'après la définition légale, un moyen d'acquérir par un certain laps de temps, on ne peut prescrire sans qu'un laps de temps se soit écoulé.

Il est aisé de répondre qu'un instant est un laps de temps, or pour invoquer la prescription instantanée, le laps de temps ne dure qu'un instant, mais il n'y a dans cette situation particulière aucune impossibilité intellectuelle, aucune anomalie juridique, par conséquent cette idée de prescription instantanée s'allie très bien avec la définition de l'article 2279.

Malgré ces raisons, cette opinion n'a pas triomphé dans la doctrine. On dit que la maxime « en fait de meubles, possession vaut titre » est traditionnelle, qu'il faut recourir à la tradition, non seulement pour en fixer le sens, mais aussi pour en déterminer le fondement juridique, que Bourjon auquel a été empruntée la formule de l'article 2279 et qui en est par conséquent le meilleur interprète dit que la prescription n'est d'aucune considération, qu'elle ne peut être d'aucun usage quant aux meubles, puisque, par rapport à de tels biens, la simple possession produit tout l'effet d'un titre parfait. »

Mais il nous paraît manifeste que ces mots « la prescription n'est d'aucune considération », font allusion dans la pensée de l'auteur au délai de la prescription.

Par suite ce n'est pas le système qui a prévalu.

Le deuxième système n'a aucun partisan, nous n'en parlerons donc pas.

Quant au troisième, voici comment il peut être formulé. La règle « en fait de meubles, possession vaut titre », est la conséquence d'une présomption de propriété attachée à la possession.

Dans ce système, l'idée dominante, c'est que la possession suffit au possédant pour lui constituer un titre, on fait abstraction de la tradition historique, de la nécessité de fonder la théorie, sur autre chose qu'un fait; il n'y a donc pas à discuter cette thèse, qui du reste a été acceptée par la jurisprudence.

Mais il faut noter un point essentiel qui est la conséquence de la théorie; la règle découlant d'une simple présomption de propriété, les auteurs qui professent ce système, et la jurisprudence, ont admis que cette présomption n'est pas irréfragable;

Elle peut être combattue par la preuve contraire.

Le fondement juridique de la règle « en fait de meubles possession vaut titre » ainsi déterminé, il nous reste à voir quelles sont les conditions requises pourl'application de la règle de l'article 2279.

Pour la solution de cette question trois systèmes différents ont été présentés par les juristes.

Le premier système adopté par la majorité des auteurs et par la jurisprudence et auquel nous croyons devoir nous ranger comme étant le seul conforme à la*tradition historique, peut ainsi se résumer.

Deux conditions principales sont exigées pour que la possession produise une prescription instantanée et rende propriétaire immédiatement, ce sont : *la bonne foi et le juste titre.*

Si une de ces deux conditions fait défaut, l'action en revendication du véritable propriétaire sera exercée avec succès contre le possesseur.

Cette théorie se trouve exposée de la façon la plus complète et la plus claire dans l'ouvrage de Marcadé sur la prescription. pages 245 et suivantes. Il s'exprime ainsi :

« La première condition requise, c'est que la possession soit de bonne foi.

L'idée de la loi est ici d'excuser l'erreur et nullement de favoriser la fraude. On voit dans Bourjon, page 1094 que Duplessis et Brodeau tenaient pour la prescription des meubles par trois ans avec bonne foi, par trente ans avec mauvaise foi, sur ce premier point seulement la jurisprudence du Châtelet rejetait leur doctrine en admettant la prescription instantanée pour le cas de bonne foi. Or c'est cette jurisprudence attestée par Bourjon que le Code a consacrée.

Par suite le cas de possession de mauvaise foi reste dès lors soumis aujourd'hui comme autrefois à la prescription trentenaire.

C'est en conséquence de ce principe, que l'article 1141, déclare, que lorsque une chose mobilière est vendue à une première personne à laquelle on ne la livre pas, est ensuite vendue et livrée à une autre, celle-ci en devient propriétaire pourvu que sa possession repose sur juste titre et bonne foi.

» La seconde condition c'est que celui qui invoque l'article 2279 ait été mis en possession en vertu d'une cause légale d'acquisition à savoir à titre d'achat, d'échange, de donation, de succession, de legs, de dation en paiement, car s'il n'a pas ainsi acquis de fait par l'un des modes légaux de transmission de propriété, il ne peut pas se croire propriétaire, il ne peut pas posséder de bonne foi *animo domini* et dès lors la prescription de notre article ne lui est pas applicable. »

C'est très évident car de deux choses l'une, ou bien cet individu n'a pas *l'animum domini*, et il ne peut pas prescrire pas même par trente années puisqu'il n'a pas même la possession, ou bien s'il possède à titre de maître c'est de mauvaise foi et dès lors il manque de la première condition ici nécessaire et ne peut prescrire que par trente ans.

Comme on le voit cette seconde condition revient à dire que le possesseur doit avoir un juste titre, en sorte que l'on exige ici les deux mêmes conditions qu'on exige pour la prescription privilégiée des immeubles par dix et vingt ans, la bonne foi et le juste titre, mais quand nous disons qu'il faut ici un juste titre, nous ne parlons, ni de l'acte instrumentaire qui n'est jamais exigé, ni encore moins du titre efficace et transférant réellement la propriété (puisqu'en présence d'un tel titre, il ne pourrait plus être question de prescription), mais seulement d'une acquisition de fait, inefficace, vu le défaut de droit chez l'auteur de la transmission, mais que l'acquéreur a cru et dû croire efficace.

Ainsi bonne foi et juste titre, telles sont les deux conditions exigées pour la prescription d'un meuble par la possession instantanée, comme elles le sont par l'article 2265 pour la prescription d'un immeuble par la possession de 10 à 20 ans.

Acquisition d'un meuble faite à *non domine*, mais avec juste titre et de bonne foi, tel est le cas d'application et le seul cas d'application de notre article 2279 comme le cas analogue est quant aux immeubles le seul pour lequel l'article 2265 édicte une prescription décennale.

La plupart des auteurs ne sont pas moins affirmatifs que Marcadé sur cette question.

Dans le même sens, Delvincourt (Cours de Code civil, tome 2, pages 199 et suivantes). — Duranton (Cours de Droit français, tome 4, page 373, n° 433). — Troplong. — Demolombe, qui dans son Traité de Code civil, tome 9, n° 622, page 535 et suivantes, écrit :

« L'article 2279 consacre donc une sorte d'usucapion qu'il a, il est
» vrai, affranchie de la condition de durée de temps, mais qui reste
» toujours la somme à condition du juste titre, *justa causa*.

Pour valoir titre, la possession doit être de bonne foi. »

Quant à la jurisprudence, après avoir été longtemps incertaine sur la question, elle s'est définitivement déterminée à exiger la bonne foi, comme condition indispensable pour le possesseur de l'application de la règle : en fait de meubles, possession vaut titre. A l'appui nous citerons un seul arrêt de la Cour de cassation.

Chambre des Requêtes, du 28 Janvier 1860, rapporté dans Sirey, 1861. 1. 543 et 544.

Cet arrêt est ainsi conçu :

« Attendu qu'il est souverainement juge en fait que les actions
» n'ont été ni volées ni perdues ; qu'elles ont été confiées à Orsi
» par la Société des Docks pour les négocier : qu'enfin, et
» après des négociations successives, le Crédit mobilier les a re-
» çues en pleine *bonne foi,* et ne s'est prêté à aucune fraude ;

» Attendu d'ailleurs, en ce qui touche la validité du nantisse-
» ment, qu'il s'agit d'actions au porteur dont la propriété se
» transmet par tradition et de la main à la main, aux termes
» de l'article 35 du Code de commerce ; que le Crédit mobilier
» est légitimement porteur des dites actions, puisqu'il est jugé
» quelles lui ont été remises de *bonne foi ;* »

Rejette :

Par un argument à contrario, cet arrêt décide donc que la bonne
foi est nécessaire pour qu'on puisse se prévaloir de l'article 2279.

Dans le même sens cassation, 5 novembre 1876, Dalloz (1877
— 1 — 166).

Le second système absolument contraire au premier, n'exige
pour l'application de la règle « En fait de meubles, possession
vaut titre », ni bonne foi, ni juste titre. Une possession quelconque, même de mauvaise foi, suffirait pour permettre au détenteur de repousser l'action en revendication du véritable propriétaire.

Cette théorie qui se fonde uniquement sur les termes de la
loi, sans en rechercher l'esprit et qui est en contradiction absolue avec les principes et avec la tradition, n'est plus soutenue
par personne.

Le 3ᵉ système émane de MM. Aubry et Rau.

Ces auteurs estiment que la question ne consiste pas à se demander s'il est nécessaire d'être possesseur de bonne foi pour
invoquer la maxime : « en fait de meubles possession vaut titre »
Ils s'expriment de la façon suivante :

« La question formulée en ces termes nous parait mal posée.
» En statuant qu'en fait de meubles, la possession vaut titre, la
» loi ne distingue pas entre la possession de bonne foi et la pos-
» session de mauvaise foi ; et en cela, elle est conforme au

» principe que les effets de la possession sont en général, dans
» notre droit, indépendant de la bonne ou de la mauvaise foi du
» possesseur. Contrairement à l'opinion des auteurs cités en
» premier lieu (Delvincourt, Duranton, Troplong, Marcadé,
» Demolombe, Merlin etc.) nous pensons donc que l'action en
» revendication n'est pas admissible, même contre un possesseur
» de mauvaise foi. Mais cela n'empêche pas que sa mauvaise foi
» ne puisse donner ouverture contre lui à une action en restitu-
» tion fondée sur les articles 1382 et 1383 ; et sous ce rapport
» nous croyons devoir repousser l'opinion des auteurs cités en
» dernier lieu. (Rauter, Destrais, Renaud, Zaccharix).

» Ce qui prouve au surplus que l'action compétant en pareil
» cas au propriétaire n'a pas le caractère d'une action réelle, et
» ne repose que sur un rapport d'obligation personnelle, c'est
» que, d'une part, elle ne suit pas la chose entre les mains d'un
» possesseur de bonne foi auquel le possesseur de mauvaise foi
» l'aurait transmise, et que, d'autre part, ce dernier reste, mal-
» gré cette transmission, soumis à une action en dommages-in-
» térêts de la part du précédent possesseur. »

A l'appui de leur théorie MM. Aubry et Rau citent un arrêt de la cour de Metz du 10 Janvier 1867, rapporté dans Sirey, 1867, 2 - 313.

Voici la substance de cet arrêt :

Celui qui a acheté sciemment la chose d'autrui, d'un prétendu mandataire dont il a suivi la foi, est tenu, si le mandat est reconnu n'avoir pas existé, de *restituer cette chose* à son propriétaire, il ne peut se prévaloir vis-à-vis de celui-ci de la maxime : en fait de meubles, possession vaut titre.

Le système de MM. Aubry et Rau conduit aux trois propositions suivantes :

1° Le détenteur de mauvaise foi, ne pourra se prévaloir de l'article 2279 ;

2° Le véritable propriétaire ne pourra exercer contre lui l'action en revendication ;

3° Par contre, le véritable propriétaire sera muni contre le détenteur de mauvaise foi, d'une action en restitution fondée sur les articles 1382 et 1383.

Bien que cette thèse soit extrêmement ingénieuse, nous ne l'adoptons pas, parce qu'elle est en contradiction avec des principes traditionnels. Nous avons vu que l'ancien droit admettait l'action en revendication du véritable propriétaire contre un possesseur de mauvaise foi. Notre théorie qui est celle de Marcadé est la théorie historique, celle que le Code civil a adopté.

Donc, et en résumé, nous estimons avec la doctrine et la jurisprudence, que le propriétaire d'un objet mobilier, peut le revendiquer, s'il prouve que le détenteur de sa chose était de mauvaise foi. Ajoutons qu'il faut et qu'il suffit que la mauvaise foi ait existé au moment même de l'entrée en possession (article 1141 in fine).

Il faut donc que le propriétaire prouve que le détenteur a été de mauvaise foi au début de la possession, il importerait peu que le possesseur apprit quelques instants après, que la chose appartient à autrui.

Or la preuve de la mauvaise foi résulte d'une foule de considérations des faits qui seront laissés à l'appréciation du juge.

Dans la matière spéciale que nous étudions, les propriétaires locateurs ont tout fait pour sauvegarder leurs intérêts, pour assurer et maintenir leur droit de propriété sur leurs futailles.

Les usages établis et reconnus, usages que nous avons exposés dans notre première partie et qui dans le commerce des vins et dans celui des futailles ont aujourd'hui force de loi, empêcheront dans la plupart des cas les consignataires, créanciers, gagistes de locataires de fûts, de se prétendre de bonne foi.

La grande majorité des vins importés sont, avons nous dit, logés en fûts de location. Et, en raison de cet usage, le consignataire ne fait d'avances que sur le vin nu.

Dès lors, comment pourrait-il prétendre que le consignant a affecté à son gage les vins et les fûts, surtout quand ces fûts porteront une marque à feu bien apparente sur l'un de leurs fonds. Alors même du reste que les fûts ne porteraient pas de marque à feu s'ils portent une estampille quelconque ne laissant aucun doute sur leur origine, le détenteur peut-il sans être convaincu de mauvaise foi, se les approprier? Invariablement non. Car si les loueurs apposent une marque à feu sur leurs futailles, les négociants en vins se contentent le plus souvent de les marquer à leur nom, à la peinture. Or la marque à feu n'est pas une formalité substantielle, une condition nécessaire pour l'exercice de l'action en revendication. Il faut et il suffit que le détenteur ait été de mauvaise foi. Et comme la mauvaise foi résulte de la connaissance de la précarité du droit du consignant, dans tous les cas, le tiers détenteur de fûts marqués, ne pourra exciper de sa bonne foi.

Nous en avons ainsi terminé avec notre chapitre III. Il nous reste à étudier quelques cas spéciaux qui feront l'objet du chapitre IV.

CHAPITRE IV

CAS SPÉCIAUX DE REVENDICATION

*Consignation et avances
sur connaissement, sur lettres de voiture, sur warrants*

Nous nous occuperons dans ce chapitre de quelques cas spéciaux de consignations.

§ PREMIER

Consignation sur connaissement et lettre de voiture

Définition :
Le connaissement est un titre qui a pour but de constater la remise faite par le chargeur au capitaine, des marchandises que celui-ci s'engage à transporter.

Le connaissement doit être fait en quatre originaux l'un est remis au chargeur;

Un autre envoyé au destinataire;

Le troisième est conservé par le capitaine pour justifier de l'exécution de ses obligations vis-à-vis des consignataires;

Le dernier est pour l'armateur du navire, et lui sert à régler ses comptes avec le capitaine et à calculer ce qui lui revient pour le fret.

Le connaissement peut-être fait à ordre, au porteur et à personne dénommée.

Il représente entre les mains de l'expéditeur, la marchandise confiée au capitaine.

La remise qui en est faite à un tiers emporte tradition symbolique des objets auxquels il se rapporte. Toutefois pour transférer la propriété, cette remise est soumise à certaines conditions qui varient selon les formes dans lesquelles le connaissement a été rédigé.

Si le connaissement est au porteur, la simple possession suffit pour autoriser celui qui en est détenteur à réclamer l'exécution des conventions qui y sont relatées.

Si le connaissement est à personne dénommée, il n'est valablement transmis que par un acte de cession signifié au capitaine.

Lorsque le connaissement est à ordre, il est assimilé à la lettre de change et peut se transmettre par la voie de l'endossement. Pour consentir un droit de gage sur la marchandise transportée le chargeur n'a donc qu'à endosser le connaissement en libellant son endos : valeur en garantie ou en nantissement.

La lettre de voiture, qui remplit le même office est régie par les mêmes principes.

Cependant nous devons mentionner, qu'à la différence du connaissement qui en pratique est soit à ordre, soit au porteur, soit à personne dénommée, la lettre de voiture se fait le plus souvent à personne dénommée.

Il convient maintenant d'examiner si le détenteur d'un objet mobilier, appartenant à un tiers qui n'est pas le consignant, et qui a fait des avances sur une marchandise en cours de transport peut opposer la maxime tirée de l'article 2279 du Code civil :

En fait de meubles, possession vaut titre.

Pourra-t-il prétendre qu'il a été saisi de cette marchandise par l'endossement du connaissement ou de la lettre de voiture.

Que ces titres ne lui révélant pas la nature des marques apposées sur des fûts, s'il s'agit de futailles, il est protégé par la la règle que nous venons de citer.

Nous répondrons très catégoriquement non.

Le détenteur consignataire se heurtera toujours en effet aux usages commerciaux précédemment exposés. Il saura que l'expéditeur n'est pas propriétaire de la futaille, et si, contrairement à l'usage, il se fait ou se laisse consigner le vin logé il n'ignorera pas qu'il portera préjudice au véritable propriétaire des fûts. Donc la condition de bonne foi nécessaire pour l'application de la règle : en fait de meubles, possession vaut titre, sera défaut. Il en sera de même pour la troisième condition que nous avons indiquée. A savoir qu'il était nécessaire pour se prévaloir de l'article 2279, que la possession fut réelle. Or pas de possession réelle de la marchandise dans la simple détention d'un titre qui n'a pour but et pour effet que d'assurer au créancier gagiste de préférence à toute autre personne, la remise et la livraison d'une chose sur laquelle il a consenti des avances. Ce n'est là qu'une détention fictive dont on conçoit l'utilité pour permettre à un créancier de prêter sur gage sans risque que la marchandise ne lui parvienne pas, mais en aucun cas cette détention fictive ne pourra être préférée à une détention réelle, à une appréhension effective.

Au surplus la possession dont le tiers détenteur excipera sera toujours inutile, car elle sera viciée à son origine.

Pour être utile, il faudrait en effet que cette possession soit de bonne foi dès l'instant ou le créancier nanti, a été mis en possession effective des objets remis en gage, et non à partir de celui où les mêmes objets lui ont été transférés symboliquement par l'endossement du titre qui les représente.

Or par hypothèse, il n'en est pas ainsi dans notre espèce, puisque la remise effective du gage, a fait connaître aux créanciers que son consignant lui remettait une chose appartenant à autrui.

Par conséquent impossibilité pour lui de se prévaloir de la règle : en fait de meubles, possession vaut titre.

A l'appui de notre thèse, nous pouvons citer :

De Folleville, page 28;

Laurent, volume 32, numéro 30;

Et un arrêt de la Cour de cassation rapporté par Dalloz, 1877 — 1 — 16.

§ Second

Consignation sur warrant

Les dépôts de marchandises dans un magasin général, sont établis par un récépissé auquel se trouve joint un warrant (loi du 28 mai 1858.Chacun de ces deux titres a son utilité propre.

Le récépissé est destiné à servir d'instrument de vente des marchandises déposées et à transférer la propriété de ces marchandises.

Le warrant constitue un instrument de crédit : il sert à donner un nantissement au tiers qui prête sur les marchandises déposées. Ces deux titres sont nécessairement à ordre et peuvent par suite se transmettre par un simple endossement.

L'endossement du warrant séparé vaut dation en gage de la marchandise. Le porteur du warrant a les mêmes droits qu'un créancier gagiste. S'il est payé soit avant, soit lors de l'échéance, il rend le warrant et tout est dit : son droit de gage est éteint.

S'il n'est pas payé à l'échéance il a le droit de faire exécuter son gage, d'après certaines formalités prescrites par la loi.

Si ce gage se composait de vins logés en fûts marqués, il arrivera de deux choses l'une, ou bien le warrant spécifiera que l'avance portait sur une certaine quantité d'hectolitres de vin et alors le porteur du warrant ne pourra exercer son droit de gage que sur le vin nu. Ou bien le warrant énoncera que les avances portent sur une certaine quantité de fûts, et alors un conflit pourra s'élever entre le porteur du warrant et le propriétaire des fûts.

Dans ce litige il n'est pas douteux que le propriétaire n'intente avec succès son action en revendication. Le dernier endosseur du warrant ne pouvant en effet avoir plus de droits que le premier endosseur. Il se verra opposer les mêmes exceptions et moyens de défense que lui.

Or le premier endosseur pouvait-il exercer un droit de gage sur la futaille ? Non certainement, puisque la marchandise ne lui a pas été consignée sans qu'il la voie dans le magasin général où elle est déposée, et sans qu'il la reconnaisse. Il a donc su à ce moment que la futaille n'appartenait pas à l'expéditeur, et si ce dernier a commis un abus de confiance en la lui remettant en gage, le créancier qui s'est rendu complice du même délit, ne saurait opposer au propriétaire qu'il a reçu les fûts de bonne foi. Par conséquent impossibilité pour lui d'opposer à la revendication du propriétaire, l'exception de la règle : en fait de meubles, possession vaut titre.

En résumé de quelque façon que se traitent les consignations dans le commerce des vins, il est de toute nécessité pour les consignataires de respecter le droit des loueurs de futailles. Pour pouvoir exercer un droit de gage ou de détention sur une marchandise, il faut être de bonne foi, c'est-à-dire croire à la réalité du titre prétendu par le remettant. Tels sont les principes, or les usages commerciaux que nous avons exposés ne permettent pas à un consignataire de croire à priori que son consignant est propriétaire du logement de ses vins. Il doit donc se mettre en garde contre des déclarations dont l'exactitude aura toujours besoin d'être vérifiée, et de se rendre compte de visu de la nature et de l'origine des marchandises qui lui seront remises.

Cette précaution sera d'autant plus utile que la doctrine et la jurisprudence sont absolument d'accord, ainsi que nous l'avons dit plus haut, sur ce point que la bonne foi du tiers détenteur doit être établie au moment de la remise effective de ces marchandises (Cour de cassation, Dalloz, 1877 — 1 — 16).

Cette proposition nous permet de conclure que, ni dans le cas général d'une consignation faite sur place, ni dans les cas spéciaux d'une consignation sur connaissement, sur lettre de voiture ou sur warrant, le tiers détenteur ne pourra opposer sa bonne foi, si cette bonne foi ne remonte pas au moment même de la remise effective des marchandises.

CHAPITRE V

SANCTIONS JURIDIQUES DU DROIT DE REVENDICATION EN MATIÈRE DE FUTAILLES

§ PREMIER

Dommages-intérêt pour indue conservation
Locataire et tiers détenteur in bonis

Nous n'avons jusqu'ici envisagé le droit de propriété des loueurs de futailles, qu'en ce qu'il a d'essentiel et de particulièrement important ; nous avons surtout considéré la sanction donnée à ce droit par l'action en revendication, et les conséquences de l'exercice de cette action ; Il importe maintenant d'examiner la question à un point de vue nouveau. Nous aurons à étudier le cas où un loueur est obligé par suite de l'inexécution du contrat de la part de son locataire, de provoquer la résiliation de ce contrat par la voie judiciaire, et quelles seront les conséquences pour le locataire et pour le tiers détenteur de la résiliation prononcée.

En ce qui touche le locataire pas de difficultés le principe général qui régit tous les contrats sygnallagmatiques autorise tout partie ayant exécuté de son côté et n'ayant pas reçue de son contractant l'équivalent convenu à exiger à son choix, soit l'exécution du contrat, soit la résiliation avec dommages et intérêts.

L'article 1741 en décidant que le contrat de louage se résoud par le défaut respectif du bailleur et du preneur de remplir leurs engagements, fait donc seulement l'application du principe que nous rappelons.

Par suite, le locateur est fondé à demander à son locataire, soit le paiement des sommes dues pour location aux échéances convenues, soit la résiliation avec dommages-intérêts, pour réparation du préjudice que cette résiliation lui fera éprouver.

Mais comment seront déterminés ces dommages-intérêts?

Ils seront fixés par le tarif de la Chambre syndicale du commerce en gros des vins et spiritueux, qui spécifie expressément, que « les fûts vides prêtés devront être rendus chez le vendeur » dans les 30 jours qui suivront la livraison, et que passé ce dé- » lai, et sans qu'il soit besoin de mise en demeure, il sera *dû* » *cinq centimes par fût et par jour* pour la location. »

Il y a en effet analogie complète entre l'acheteur, qui ne restitue pas un fût prêté, avec le locataire qui le conserve sans acquitter la location convenue.

Donc aussi, lorsqu'un locataire n'aura pas restitué sa futaille au locateur dans le délai convenu, il devra payer à ce dernier la somme de cinq centimes par jour et par fût. Cette somme de cinq centimes par jour et par fût courra du jour du non-paiement jusqu'au jour de la restitution, ou jusqu'au paiement de la valeur des fûts, si le locataire est dans l'impossibilité de les restituer, et elle représentera exactement pour le locateur, les dommages-intérêts qu'il conviendra de lui allouer.

Nous avons jusqu'ici supposé le cas où le locataire est resté détenteur des fûts, la demande de dommages-intérêts est alors l'accessoire de la demande en restitution ou de la demande en paiement de la valeur des fûts.

Mais la situation ne sera pas toujours aussi simple.

Très fréquemment le locateur se trouvera en face d'un consignataire tiers détenteur des fûts; pour obtenir la restitution de sa futaille, il poursuivra à la fois le locataire et le tiers détenteur et fera prononcer contre eux solidairement une condamnation à la restitution ou au paiement.

Le locataire ne pourra se soustraire à l'obligation de rendre, cela est évident : de son côté le tiers détenteur, nous l'avons dit, ne pourra opposer, ni l'exception de non-recevabilité, ni l'exception tirée de l'article 2279.

Mais quel sera le droit du locateur en ce qui touche les dommages-intérêts pour indue conservation des futailles contre le tiers détenteur ?

A-t-il une action contre lui ?

Nous l'affirmons.

En ce qui le concerne, la demande de dommages-intérêts ne se justifiera pas cependant par les mêmes principes que pour le locataire. La cause du préjudice ne résulte pas ici en effet de la non-exécution du contrat de location, car le tiers détenteur n'a pas traité avec le propriétaire de la futaille. C'est dans l'article 1382 qu'il faut rechercher le principe servant de base à la demande de dommages-intérêts introduite contre lui. Cet article dispose que tout fait quelconque de l'homme, qui cause à autrui un dommage, oblige celui par la faute duquel il est arrivé à le réparer.

Or si le locateur met le tiers détenteur en demeure de lui restituer sa futaille, à partir de ce moment le tiers détenteur qui en fait connaissait déjà le propriétaire des fûts, ne peut plus en droit prétendre qu'il l'a ignoré. Dès lors il est dans l'obligation de restituer une chose qu'il sait détenir sans titre légitime. S'il la conserve, il commet un quasi-délit dont il doit supporter toute les conséquences. C'est donc à bon droit que le propriétaire locateur réclamera la condamnation solidaire du tiers détenteur et du locataire à des dommages-intérêts pour indue conservation de ses fûts à partir du jour où il aura mis le tiers détenteur en demeure, soit de lui payer la location de ses fûts, soit de les lui restituer s'il ne veut pas les payer.

Ces explications supposent un locataire et un tiers détenteur in bonis, à la tête de leurs affaires. Nous allons examiner dans un paragraphe second la situation plus compliquée d'un locataire en état de faillite.

———————

§ Second

Dommages-intérêts pour indue conservation
Locateur et tiers détenteur en état de liquidation judiciaire ou de faillite

Nous supposerons le cas suivant. Un propriétaire de futailles fait un traité de location avec un expéditeur ou un négociant en vins. Puis le locataire tombe en faillite, il ne paie plus dès lors les primes de location et le locateur est en droit d'exiger la résiation du contrat, conformément à l'article 1741 du Code civil.

Il est évident que si la masse était hors d'état de restituer, elle serait tenue de payer la valeur intégrale des fûts. C'est là un cas d'application de l'article 1903 du Code civil que nous avons suffisamment élucidé dans notre deuxième partie, chapitre I.

Le locateur est un propriétaire non soumis à la loi du dividende. Il n'a jamais été créancier de son locataire pour la valeur de ses fûts. Il obtiendra par conséquent le paiement intégral, dans tous les cas où la masse étant restée en possession de ses fûts, soit par elle-même, soit par ses ayant-cause, acheteurs ou autres, elle ne peut se placer dans le cas prévu par l'article 1722 du Code civil.

En ce qui touche les primes de location, il est nécessaire de faire une distinction importante. Pour les primes échues et non payées au jour du dépôt de bilan, le locateur ne pourra être considéré que comme créancier chirographaire ; il produira à la faillite en cette qualité et n'aura qu'un dividende. Tout au contraire, en ce qui concerne les primes échues postérieurement au dépôt du bilan, le locateur devient créancier de la masse et non pas créancier dans la masse.

(Lyon, Caen et Renault. Précis de droit commercial, tome 2, n° 2878).

La créance du locateur de fûts n'est plus alors une créance chirographaire, mais une créance qui s'exercera sur la masse et il en sera ainsi parce que c'est la masse qui est obligée car c'est elle qui a profité.

Le locateur pourrait encore invoquer l'article 2102 du Code civil qui déclare privilégiés les frais faits pour la conservation de la chose. Il est bien certain en effet que si la masse retient les fûts que le failli avait pris en location, c'est parce que ces fûts lui sont encore nécessaires pour l'exploitation du commerce et pour loger les vins qu'il faudra vendre par la suite. La possession des futailles par la masse lui est donc non-seulement utile, mais même indispensable. Sans ces futailles, il lui serait impossible de conserver les marchandises du failli. Par suite il est donc équitable en même temps que conforme aux principes juridiques que la masse acquitte les frais faits pour la conservation d'une chose dont le produit sera partagé entre ses membres.

Il en serait également ainsi en matière de concordat, le liquidé ou le failli concordataire sont tenus comme la masse elle-même, comme ils l'étaient avant le dépôt du bilan, sauf ce que nous avons dit au sujet des primes de location échues au jour de l'ouverture de la faillite.

Quant aux tiers détenteurs, les mêmes principes seraient applicables à sa faillite ou à sa liquidation judiciaire. Nous terminons donc là ce chapitre.

TROISIÈME PARTIE

—

Jurisprudence

CHAPITRE I

JUGEMENTS RENDUS PAR LE TRIBUNAL DE COMMERCE DE LA SEINE

Le Tribunal de commerce de la Seine a rendu sur la question de revendication de fûts marqués, de très nombreuses sentences, mais toutes ces décisions s'inspirant des mêmes principes, nous nous bornerons à indiquer les plus importantes, celles qui ont inauguré la jurisprudence dont le tribunal ne s'est pas départi jusqu'à ce jour :

1° Un jugement du 29 septembre 1892 ;
2° Deux jugements du 14 janvier 1893.

CHAPITRE II

CONCLUSION

A l'heure actuelle, ainsi que nous venons de le constater, au précédent chapitre, la thèse que nous soutenons, à l'appui de la jurisprudence du Tribunal de commerce de la Seine.

Nous espérons que la grande autorité dont jouissent à juste

PAGINATION DECALEE

titre, les décisions de notre tribunal consulaire, mieux que ce modeste travail, gagnera à la cause des locateurs et propriétaires de futailles, tous ceux qui contestent encore la légitimité du droit de revendication en matières de fûts dont l'identité est établie par des marques.

Paris, le 15 décembre 1894.

MARTIAL BERGERON
AVOCAT

Formules

CONTRAT DE LOCATION DE FUTAILLES

Les Soussignés :

M_______________ ___________________

demeurant à _______________________________

Et M_______________Négociant en Futailles,

demeurant à _______________ _______________

Ont fait et convenu ce qui suit :

M_______________donne en location

par les présentes aux conditions d'autre part :

à M_______________ _______qui accepte_______

_______________ fûts transports chêne usagés

pour une durée de _______________ mois minimum

et_______________mois maximum au prix

de_______________ centimes par fût et par jour

jusqu'_______________

____

M_______________ prend_______livraison

des fûts _______________

____

Fait double à_________ le_______________189_

Signature du Locataire   Signature du Locateur

A No

CONDITIONS DE LA LOCATION

Article 1. — Le prix de la location est payable à Paris, chaque fin de mois, comptant compté, sans escompte.

Le paiement par traite consenti hors Paris ou à terme, ne constitue pas une dérogation à cette condition.

Le paiement de la location fait par un tiers, en son nom ou en l'acquit du locataire n'apportera aucune novation au contrat et ne déchargera aucune des parties contractantes.

Article 2. — Les fûts sont livrés et rendus dans les magasins des locateurs aux frais et risques du locataire qui doit en donner reçu à chaque livraison et en retirer décharge à chaque restitution.

En outre des marques des locateurs, les fûts loués seront avant enlèvement contremarqués sur les indications du locataire, s'il le demande.

L'identité de ces marques sera établie par les récépissés de livraison. Elles ne pourront être changées qu'après avis donné par lettre aux locateurs.

Article 3. — La location commence au jour fixé pour la livraison et finit le lendemain du jour où les fûts ont été reconnus.

Toute restitution anticipée de fûts ne déchargera pas le locataire de l'obligation de payer la location jusqu'à l'expiration du contrat de location, l'acceptation de cette restitution de la part des locateurs étant réputée faite dans l'intérêt du locataire.

Article 4. — Les fûts loués ne pourront contenir que des vins ou des alcools bon goût.

Article 5. — Les fûts loués devront être assurés par le locataire *pour leur valeur* soit à raison de trente francs par fût.

En cas de sinistre, le locataire devra aviser les locateurs dans les quinze jours du dit.

Ce délai passé, et s'il y a perte définitive ou destruction des fûts, il sera pareillement tenu de justifier des dites pertes et destructions, et de faire compte aux locateurs de la valeur des fûts et des primes de location pour toute la durée du contrat de location.

Article 6. — *Dans le cas où les fûts seront seulement égarés, ou pourront être considérés comme perdus, le locataire sera tenu de consigner la valeur des fûts loués, et les primes de location comme pour le cas de perte ou de destruction.*

Cette consignation sera rendue au consignant dès que celui-ci pourra représenter les fûts, ou justifier qu'ils sont en sa possession.

Toutefois après le délai fixé par le contrat pour la location, la consignation ne sera rendue au consignant qu'après restitution des fûts; et sous déduction de la location courue depuis l'expiration du dit contrat jusqu'à restitution.

Cette location sera décomptée au même taux que celui réglé par le présent contrat.

Article 7. — Le locataire qui rentrera en possession des fûts égarés ou considérés comme perdus, devra en aviser les locateurs, et les informer de toutes modifications qui seraient survenues dans les contremarques.

Les fûts retrouvés après l'expiration du contrat de location devront être rendus immédiatement aux locateurs.

Dans le cas où cette restitution n'aurait pas lieu, la consignation préalable faite par le locataire n'élèvera aucune fin de non-recevoir à l'action en restitution que les locateurs pourront intenter contre le locataire lui-même ou contre tout tiers détenteur des fûts au sujet desquels la consignation aurait été reçue.

Article 8. — Les locateurs ne sont garants d'aucune perte de marchandise qui pourrait survenir par suite de vice de fût, mauvais conditionnement, etc., etc... constatés sur les procès-verbaux d'expertise qui pourront être dressés, les fûts loués et livrés étant réputés sains de tares et d'avaries et propres à l'usage pour lequel ils sont loués.

Les fûts loués devront être rendus en bon état de conservation, les avaries de route ordinaires resteront à la charge des locateurs, les grosses avaries dans lesquelles seront classés tous cercles manquants, à la charge du locataire.

Il ne pourra jamais être rien réclamé aux locateurs à raison des réparations qui auront été faites aux fûts au cours de location.

Article 9. — Les fûts loués restent la propriété des locateurs ET CES DERNIERS CONSERVENT SUR EUX UN DROIT DE SUITE CONTRE TOUT TIERS DÉTENTEUR (en conformité de l'usage commercial au résultat duquel la marque d'un loueur apposée sur un fût lui conserve la propriété de sa futaille).

L'identité des fûts loués par les loueurs est établie par la marque à feu : LOUEURS. — FUT EN LOCATION. — PARIS, apposée sur l'un des fonds du fût.

Article 10. — En conséquence de la clause précédente, il est interdit au locataire de faire aucune opération de sous-location, de consignation, nantissement ou d'emprunt dont la futaille aurait à répondre, sous peine de résiliation immédiate de la présente location, de tous dommages-intérêts, et de toutes autres réserves de droit.

Article 11. — La présente location sera également résiliée de plein droit sans mise en demeure et sans formalité judiciaire par le défaut de paiement de la location, l'emploi des fûts à un usage autre que celui auquel ils sont destinés ou l'inexécution de l'une quelconque des stipulations qui précèdent.

En cas de difficultés, les parties font attribution spéciale de juridiction au Tribunal de commerce de la Seine.

NOTA. — *Les fûts sont reçus en été de 6 heures à 6 heures et en hiver de 7 h. à 5 h., dimanches et fêtes exceptés.*

PROCÈS-VERBAL D'OBLITÉRATION DE MARQUES,

L'an ____

et le ____

Devant nous s'est présenté M ___________________

le quel nous à déclaré.

Qu'ayant acquis une partie de ___________________

___________________ fûts marqués ______________

Fût en location

Il voudrait en prendre livraison et qu'en conséquence il soit immédiatement procédé à l'oblitération des marques.

Déférant à cette réquisition,

Nous avons fait la reconnaissance des fûts objet de la vente, et après constatation de leur identité,

M ____

tonnelier demeurant à ___________________________

à procédé à l'enlèvement à l'aisselle des marques apposées sur les fûts ci-dessus.

L'opération terminée les parties ont constaté qu'il ne restait plus aucune trace des marques.

Et de tout ce que ci-dessus il a été dressé le présent procès-verbal pour servir et valoir à qui de droit.

Fait double à Paris, le _______________________ 189

L'ACHETEUR,   LE VENDEUR,

PROCÈS-VERBAL DE CONSIGNATION

L'an ____

et le ____

Devant nous s'est présenté M._______________________

____

lequel nous a exposé

   Que à la date du _________________________________

il avait pris en location de MM._____________________

une partie de _______________ fûts _________________

____

qu'il est à l'heure actuelle hors d'état de les représenter, sans posséder les éléments suffisants pour établir qu'ils sont perdus ou détruits.

   Qu'en conséquence il demande à consigner leur valeur à l'effet d'interrompre le cours des locations en conformité de son contrat de location.

   Déférant à cette réquisition
M. ____

A reçu de M. _______________________________________

la somme de _______________________________________

dont il lui accorde quittance à titre de consignation pour la valeur à ___________________________ fûts dans les termes de l'article 6 du contrat de location intervenu entre les parties le _______________________________________

   Fait et signé double à Paris le _____________________

Locateur   Locataire

ERRATA

Folio 5, ligne 16, *au lieu de :* Exception de l'action, *lisez :* Exception à l'action.

Folio 33, ligne 25, *au lieu de :* c'est une véritable action en revendication que le propriétaire procédera. S'il y a lieu, *lisez :* c'est une véritable action en revendication que le propriétaire intentera s'il y a lieu.

Folio 34, ligne 35, *au lieu de :* Par suite ce n'est pas le système qui a prévalu, *lisez :* Cependant ce n'est pas le système qui a prévalu.

Folio 37, ligne 24, *au lieu de :* « L'article 2279 consacre donc » une sorte d'usucapion qu'il a, il est vrai, affranchie de la » condition de durée de temps, mais qui reste toujours la » somme à condition du juste titre, *justa causa.*

» Pour valoir titre, la possession doit être de bonne foi. »

Lisez : « Dans ce système, l'article 2279 consacre donc une » sorte d'usucapion qu'il a, il est vrai, affranchie de la condi- » tion de durée, mais qui reste toujours soumise à la condi- » tion du juste titre et de la bonne foi. »

Folio 41, chapitre IV, *au lieu de :* Nous nous occuperons dans ce chapitre de quelques cas spéciaux de consignations. *Lisez :* Dans ce chapitre nous nous occuperons de quelques cas spéciaux de revendication.

Folio 45, ligne 20, *au lieu de :* détention, *lisez :* rétention.

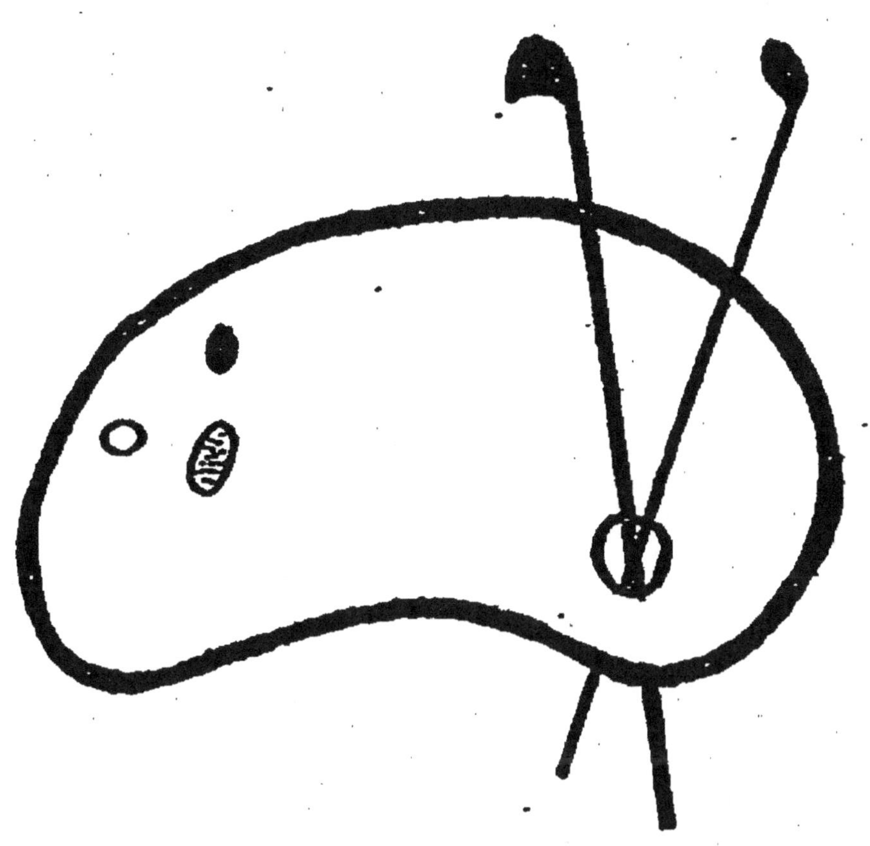

ORIGINAL EN COULEUR

NF Z 43-120-8